BEI GRIN MACHT SICH IHR WISSEN BEZAHLT

- Wir veröffentlichen Ihre Hausarbeit,
  Bachelor- und Masterarbeit

- Ihr eigenes eBook und Buch -
  weltweit in allen wichtigen Shops

- Verdienen Sie an jedem Verkauf

Jetzt bei www.GRIN.com hochladen
und kostenlos publizieren

GRIN ☺

Individuelle Trainingslehre. Krafttestung, Erstellung eines Makro- und eines Mesozyklus

Bibliografische Information der Deutschen Nationalbibliothek:

Die Deutsche Nationalbibliothek verzeichnet diese Publikation in der Deutschen Nationalbibliografie; detaillierte bibliografische Daten sind im Internet über http://dnb.d-nb.de abrufbar.

ISBN: 9783346318329
Dieses Buch ist auch als E-Book erhältlich.

Druck und Bindung: Books on Demand GmbH, Norderstedt Germany
Gedruckt auf säurefreiem Papier aus verantwortungsvollen Quellen

Das vorliegende Werk wurde sorgfältig erarbeitet. Dennoch übernehmen Autoren und Verlag für die Richtigkeit von Angaben, Hinweisen, Links und Ratschlägen sowie eventuelle Druckfehler keine Haftung.

Das Buch bei GRIN: https://www.grin.com/document/963100

Deutsche Hochschule für

Prävention und Gesundheitsmanagement

Hermann Neuberger Sportschule 3

66123 Saarbrücken

Einsendeaufgabe

Fachmodul: Trainingslehre 1

Studiengang: Fitnessökonomie

Studienort: Hamburg (Harburg)

Semester: WS 19/20

Inhaltsverzeichnis

1 Lösung Teilaufgabe 1 - Diagnose

1.1 Lösung Teilaufgabe 1.1 - Allgemeine und biometrische Daten

Tab. 1: Allgemeine und Biometrische Daten zu Person X

Fragen	Daten	Anmerkungen/Normwerte
Alter	63	Ü60
Geschlecht	männlich	
Körpergröße	1,76 m	
Körpergewicht	91,3 kg	Normal: 71,0 bis 89,5 kg
BMI	~ 29,7	Normal: 23,0 und 28,9
Trainingsmotive	Abnehmen, Blutdruck senken, Rücken stärken	
Beruf	Taxifahrer	Hauptsächlich sitzend
Aktuelle & frühere sportliche Aktivitäten	Aktuell: spazieren gehen (4x die Woche, 2 Std.) früher: Fußball, Basketball (3x die Woche, 1-2 Std., 15 Jahre her)	Trainingsbeginner mit Vorerfahrung
Zeitlicher Verfügungsrahmen	2-3 x die Woche, 1,5-2,5 Std.	Ausreichend für die anvisierten Ziele
Blutdruck	125 mmHg Systole zu 85 mmHg Diastole	regelrecht
Ruhepuls	68	regelrecht
Krankheiten/Einschränkungen	Hoher Blutdruck, leichtes Asthma, Übergewicht, Rückenbeschwerden (häufige Hexenschüsse) (labiler Rücken)	Regelmäßige Kontrolle, Ergo (laut Arztbericht) unauffällig
Medikation	Blutdrucksenker (Valsartan 80 mg, 1x tägl.)	Kontrolle
Fettanteil	28,00% → 24,65 kg Fett (Körpergewicht : 100 x 27)	Gut: 21-26%
Bauchumfang	108 cm (zur Berechnung des Fettanteils)	Regelmäßige Kontrolle
Nackenumfang	45 cm (zur Berechnung des Fettanteils)	Regelmäßige Kontrolle
Hüftumfang	100 cm (zur Berechnung des Fettanteils)	Regelmäßige Kontrolle

Nach dem Befund des behandelnden Arztes wurde ein Belastungs- EKG durchgeführt, welches regelrecht und für ein Training unbedenklich eingestuft werden kann. Der Proband nimmt blutdrucksenkende Tabletten und weiß, dass es unter Belastung zu leichtem Schwindel kommen kann, daher wird empfohlen, regelmäßig den Blutdruck zu kontrollieren und Bescheid zu geben wenn es außergewöhnliche Auffälligkeiten gibt. Somit erscheint ein Training unbedenklich, sollte aber auf Grund des Alters der Einschränkungen langsam gesteigert werden, um ihn nicht zu stark zu belasten.

1.2 Lösung Teilaufgabe 1.2 – Krafttestung

Da es sowohl bei der 1-RM als auch der X-RM Testung zu Problemen kommen kann weil diese mit einer hohen Belastung sowie nicht abschätzbaren Störgrößen einhergehen, empfehlen einige Experten (Boeckh-Behrens, Buskies & Beier, 2002; Buskies et al. 1996; Buskies 1999; Buskies & Boeckh-Behrens, 2009) eine Bestimmung der Trainingsintensität über das subjektive Belastungsempfinden. Da der Proband speziell fitness- und gesundheitsorientiert trainiert werden soll, empfiehlt sich eine Krafttestung mit Hilfe einer RPE-Skala, in diesem Fall die Borg-Skala (Borg, 1998, 2004). Die Borg-Skala bietet durch ihre 20 Einschätzungsstufen ein besser abwägbares Resultat als beispielsweise abgewandelte Skalen, wie die siebenstufige Skala nach Boeckh-Behrens (2002).

Das Kraftgerät wird dem Probanden vorgestellt und erklärt. Ebenso wird erklärt, welche Muskelgruppe/n im Speziellen trainiert wird/werden. Der Trainer macht die Übung auf dem Gerät vor und zeigt auf, worauf es im Besonderen ankommt (richtige Haltung, Tempo und Kraftaufwand). Der Proband soll nun selbständig das Gewicht einstellen, welches ihm vorher zugewiesen wurde. Auch wenn es zunächst noch leicht erscheint, kann sich das Empfinden bei Wiederholung ändern.

Pro Satz mit einem Gewicht werden 10 bis 12 Wiederholungen angedacht.

Nun wird mit verschiedenen Gewichten versucht das ideale Trainingsgewicht zu ermitteln. Der Proband sagt an, wie er die Bewältigung der Übung empfindet.

Zwischen zwei Testgewichten wird eine dreiminütige Pause eingelegt, damit die Leistungsfähigkeit aufrecht erhalten wird.

Je nach Empfinden werden nun in Schritten die Gewichte erhöht oder gesenkt. Danach folgt die Feinjustierung, bis die Stufe 13-14 und 15-16 der Borg-Skala ermittelt wurden.

Tab. 2 : Krafttestung nach Subjektivem Belastungsempfinden

Übung am Kraftgerät	Gewicht 1	Gewicht 2	Gewicht 3	Gewicht 4	Gewicht 5
	Empfinden	Empfinden	Empfinden	Empfinden	Empfinden
Beinpresse	50 kg	35 kg	25 kg	20 kg	22,5 kg
	20+	19-20	17-18	12-14	15-16
Rudern	5 kg	10 kg	15 kg	17,5 kg	20 kg
	7-8	10-11	13-14	15-16	17-18
Brustpresse	0 kg	5 kg	7,5 kg	10 kg	/
	6-8	13-14	15-16	17-18	/
Latzug	10 kg	15 kg	20 kg	25 kg	27,5 kg
	9-10	11-12	13-14	15-16	17-18
Armbeugen	5 kg	15 kg	17,5 kg	20 kg	22,5 kg
	6-8	10-12	13-15	15-16	17-18
Schulter-drücken	2,5 kg	5 kg	7,5 kg	/	/
	12-13	14-16	17-19	/	/
Crunches	10 kg	15 kg	17,5 kg	20 kg	/
	8-10	13-14	15-16	17-18	/
Rücken-strecker	30 kg	35 kg	40 kg	42,5 kg	45 kg
	10-11	11-12	13-14	15-16	17-18

Empfinden, basierend auf Borg-Skala (vergl. Tab.3)

Tab.3 : Borg-Skala zur Erfassung des subjektiven Belastungsempfindens (modifiziert nach Borg, 2004, A1016; Löllingen, 2004, S. 299)

Stufe	Subjektives Belastungsempfinden
6	
7	sehr, sehr leicht
8	
9	sehr leicht
10	
11	recht leicht
12	
13	etwas anstrengender
14	
15	anstrengend
16	
17	sehr anstrengend
18	
19	sehr, sehr anstrengend
20	

Sicherlich ist die Borg-Skala nur ein ungefährer Anhaltspunkt und kann nicht wirklich standardisiert werden, da das menschliche Empfinden grundsätzlich individuell ist. Einen wirklichen Norm- oder Referenzwert gibt es, auf Grund verschiedener Störfaktoren, nicht.

Dies ist bei diesem Probanden auch gar nicht gefordert, da bei den Vorerkrankungen „weniger eher mehr" ist. Der Hypertonus sollte durch zu hohe Belastungen nicht ausgereizt werden. Nach Eifler (2013) geht es im fitness- und gesundheitsorientiertem Krafttraining auch nicht um die punktgenaue Erfassung der Trainingsintensität, sondern eher um Annäherungswerte . Jedoch wird bei jedem Trainingsbeginner jeder Reiz trainingswirksam sein. Somit bestünde die Gefahr einer „Unterforderung" nicht.

Der Proband beginnt zunächst mit der Trainingsintensität von 13 – 14 auf der Borg-Skala, um sein Empfinden zu optimieren und kann sich dann, sollten seine Blutdruckwerte dies zulassen, auf 15 – 16 steigern.

In der Tabelle (Tabelle 2) ist aufgeführt, welche Gewichte der jeweiligen Übungen, dem individuellen Empfinden zugeordnet sind.

Wichtig wären die begonnenen Parameter vor Trainingsbeginn zu vergleichen. Welche Zwischenziele wurden bereits erreicht? Ist das Gewicht und der Fettanteil signifikant gesunken? Wie verhält sich der Blutdruck in und nach den Trainingseinheiten. Diese Ergebnisse müssen mit dem Probanden besprochen werden und neue Trainingsziele erarbeitet werden.

2   Lösung Aufgabe 2 – Zielsetzung/Prognose

Tab. 4: Zielsetzung/Prognose gesammt

Ziel	Ausmaß	Zeit
Fettanteil reduzieren	Körperfettreduktion um 7% → 6,4 kg	Körperfettreduktion um 7% → 6,4 kg in ca. 4-5 Monaten
Blutdrucksenkung	Blutdrucksenkung um 20 mmHg systolisch und 10 mmHg diastolisch	Blutdrucksenkung um 20 mmHg systolisch und 10 mmHg diastolisch in ca. 6 Monaten
Rücken stärken/ Aufbau von Muskelmasse	Aufbau von Muskelmasse um 4 kg	Aufbau von Muskelmasse um 4 kg in ca. 6 Monaten

Die Ziele, Ausmaße und Zeiten werden im Folgenden einzeln beschrieben:

Tab.5: Zielsetzung/Prognose 1

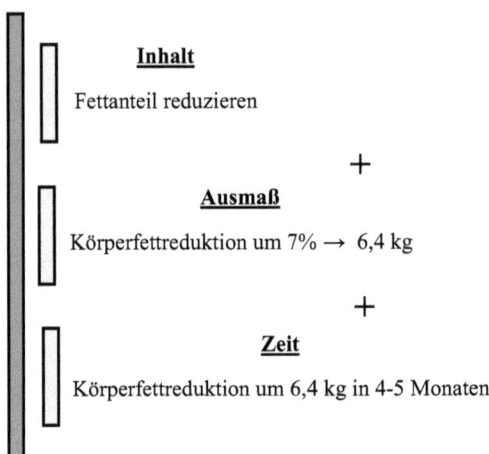

Inhalt

Fettanteil reduzieren

$+$

Ausmaß

Körperfettreduktion um 7% $\rightarrow$ 6,4 kg

$+$

Zeit

Körperfettreduktion um 6,4 kg in 4-5 Monaten

Ein Ziel des Probanden ist der Wunsch nach Gewichtsreduktion. Dieses Ziel ist zu unspezifisch und wurde mit der Körperfettreduktion umformuliert und damit konkretisiert. Damit ist es nun messbar.

Der Körperfettanteil berechnet sich aus dem Alter, dem Gewicht, dem Geschlecht und dem Nacken-, Hüft- und Bauchumfang, z.B. über fettrechner.de.

Das Körperfett komprimiert in seiner Form die Organe und die Gefäße. Die Reduktion des Fettanteils sollte also auch den Blutdruck positiv beeinflussen und den BMI in eine gesunde Richtung bewegen. Auch die Gelenke und die Vitalfunktionen profitieren von einer allgemeinen Gewichtsreduktion.

Das Körperfett wurde mit 27% als zu hoch eingestuft und soll um 7% reduziert werden. Realistisch ist in diesem Zusammenhang eine Körperfettreduktion um 250 bis 500 g/Woche. (Referenzwerte nach Dr. D. Gallagher, Veröffentlicht 14. April 2016

at 530 x 246 in Der ideale Körperfettanteil)

Referenzwerte nach Dr. Dympna Gallagher

Die Ernährungswissenschaftlerin hat im Jahr 2000 anhand einer Studie, in der sie den BMI von über 1.600 Probanden erhoben hat, Referenzwerte für den Körperfettanteil erhoben.

Männer

Alter / mm	niedrig	normal	hoch	sehr hoch
20-39	< 8%	8-20 %	20-25%	> 25%
40-59	< 11%	11-22 %	22-28 %	> 28%
60-79	< 13%	13-25 %	25-30 %	> 30%

Frauen

Alter / mm	niedrig	normal	hoch	34-36
20-39	< 21 %	21-33 %	33-39 %	> 39 %
40-59	< 23 %	23-34 %	34-40 %	> 40 %
60-79	< 24 %	24-36 %	36-42 %	> 42 %

© www.koerperfett-analyse.de

Zusätzlich zum Messen des Fettanteils via Diagramm und Körperfettwaagen, kann auch der Bauch- und Nackenumfang als Meßeinheit kontrolliert werden.

Abb. 1: Referenzwerte nach Dr. Dympna Gallagher

Tab. 6: Zielsetzung/Prognose 2

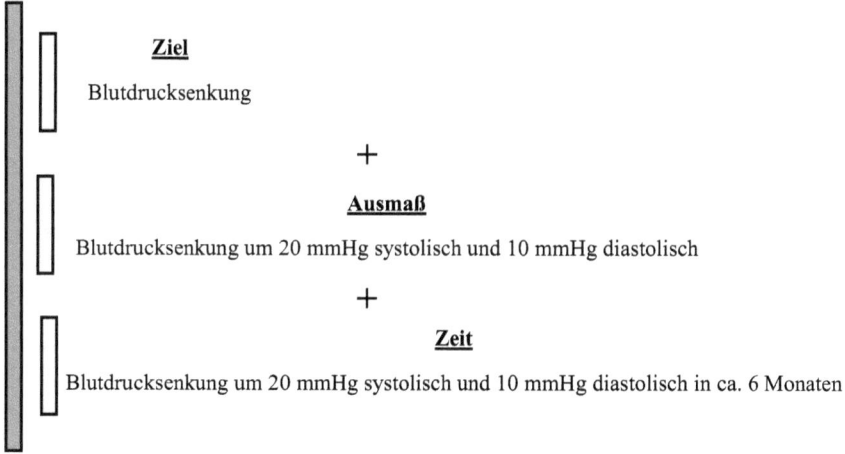

Ziel

Blutdrucksenkung

+

Ausmaß

Blutdrucksenkung um 20 mmHg systolisch und 10 mmHg diastolisch

+

Zeit

Blutdrucksenkung um 20 mmHg systolisch und 10 mmHg diastolisch in ca. 6 Monaten

Eine realistische Blutdrucksenkung von 10 bis 15 mmHg systolisch und 5 bis 10 mmHg diastolisch ist in ungefähr drei Monaten möglich.

Da der Blutdruck im systolischen Bereich um 20 mmHg gesenkt werden soll, ist von der doppelten Trainingszeit auszugehen. Zu berücksichtigen ist jedoch das blutdrucksenkende Präparat, welches die Messung beeinträchtigen könnte.

Eine zusätzliche Ungenauigkeit kann auch an der Tageszeit des Trainings ausgemacht werden, da es im Tagesrhythmus, dem sogenannten circadianen Blutdruck, zu deutlichen Schwankungen kommen kann. Weil Blutdruckveränderungen vom autonomen Nervensystem gesteuert werden, können nur ungefähre Durchschnittsmesswerte als Richtwerte genommen werden.

Tab. 6: Blutdruckklassifikation der **american heart association** (modifiziert nach Mancia et al. 2013 s. 1286)

Blutdruck Kategorie	Systole	Diastole
optimal	< 120 mmHg	< 80 mmHg
normal	< 130 mmHg	< 85 mmHg
hochnormal	130 – 139 mmHg	85 – 89 mmHg
Bluthochdruck (Hypertrophie) 1	140 – 159 mmHg	90 – 99 mmHg
Bluthochdruck (Hypertrophie) 2	160 – 179 mmHg	100 – 109 mmHg
Bluthochdruck (Hypertrophie) 3	> 180 mmHg	> 110 mmHg

Tab. 7: Zielsetzung/Prognose 3

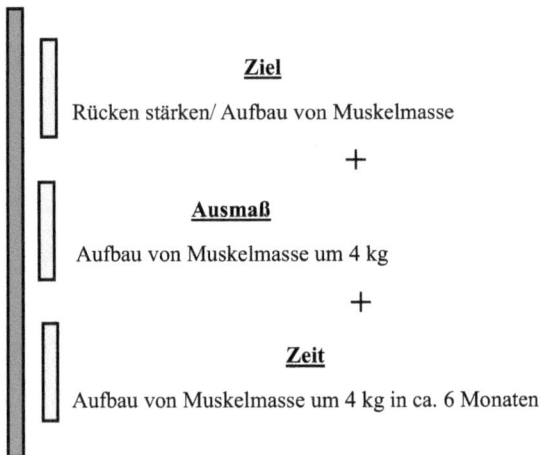

Ziel

Rücken stärken/ Aufbau von Muskelmasse

+

Ausmaß

Aufbau von Muskelmasse um 4 kg

+

Zeit

Aufbau von Muskelmasse um 4 kg in ca. 6 Monaten

Der Wunsch den Rücken zu stärken ist nicht spezifisch genug, daher ist der Aufbau von Muskelmasse ein messbares Ziel.

Im ersten Trainingsjahr wären 5 bis 8 kg Aufbau an Muskelmasse möglich. Dementsprechend sind 2,5 bis 4 kg im ersten halben Jahr durchaus realisierbar.

Um den Rücken zu stärken, ist es natürlich nicht sinnvoll, nur diesen Bereich zu stärken. Die Beinmuskulatur müssen die dazugewonnene Muskelmasse des Rückens mit kompensieren, also müssen auch sie gestärkt werden. Ein Ganzkörper-Training ist optimal mit besonderer Berücksichtigung der Rückenmuskulatur.

3   Lösung Aufgabe 3 – Trainingsplanung Makrozyklus

Tab. 8: Makrozyklus

	Umfangsorientiertes Krafttraining		Intensitätsorientiertes Krafttraining	
Mesozyklusdauer	8 Wochen	6 Wochen	8 Wochen	6 Wochen
Trainingsziel	Kraftsausdauer-training	Übergangs-training	Muskel-aufbautraining (extensiv)	Muskel-aufbautraining (intensiv)
Organisations-form	GK/Station	GK/Circuit	GK/Station	GK/Circuit
Einheiten pro Woche	2-3	2-3	2-3	2-3
Übungen/ Muskelgruppe	1-2	1-2	1-2	1-2
Sätze/ Übung	1-2	1-2 Circuits	1-2	1-2 Circuits
Wdh.	10-20	10-20	8-12	6-8
Satzpausen	(30-)60 sek	(30-)60sek	60-90 sek	60-90 sek
Intensität	Borg-Skala 13-16	Borg-Skala 13-16	Borg-Skala 13-16	Borg-Skala 13-16

GK	= Ganzkörpertraining
Station	= Stationstraining
Circuit	= Kreis-/Zirkeltraining
Borg-Skala	= 13-14 entspricht „ etwas anstrengend", 15-16 entspricht „anstrengend"

Der Proband muss zunächst an die höhere Intensität gewöhnt werden, bevor die Trainingsschwerpunkte definiert werden können. In den ersten acht Wochen ist daher, das Ziel der Kraftausdauer angedacht. Hierbei muss insbesondere auf die Blutdruckreaktion des Probanden geachtet werden.

Es wird also mit einer niedrigen Intensität begonnen, um die Leistung langsam zu steigern und die Gefäße sowie die Muskeln, an das Training zu gewöhnen. Damit es nicht zum Motivationsverlust kommt, kann die Trainingsleistungsintensität von 13 auf 16 auf der Borg-Skala gesteigert werden.

Dies ist in den nächsten Mesozyklen ebenso angedacht.

Mit dem Kraftausdauertraining wird der Blutdruck stabilisiert. Der Fettanteil wird ebenfalls reduziert, da durch die hohe Wiederholungsanzahl bei geringer Intensität mehr Kalorien verbrannt werden, als beispielsweise bei intensivem Muskelaufbautraining.

Die Trainingsmethoden wurde gewählt, weil sie für einen Anfänger eine leichtere Steigerung seines Leistungsvermögens darstellen, der Proband in seiner Wahrnehmung der Einschätzungen der Bewältigung seiner Übungen sensibilisiert wird und ein zu hoher Druck bei Hypertonus vermieden werden sollte.

Laut *Wirth, Aatzor und Schmidtbleicher* (2007) kommt es bei Trainingsbeginnern schon bei wenigen Krafttrainingseinheiten zu signifganten Muskelmassenzuwächsen. Intensität, Organisationsform, Einheit die Woche, Wiederholungen in der Kraftausdauer wie im Muskelaufbau, Pausenzeiten zwischen den Sätzen, Sätze pro Übungen, Übung pro Muskelgruppe und die Gesamtdauer der Trainings basieren unter anderem auf den *„Empfehlungen zur Gestaltung eines Krafttrainings bei arterieller Hypertonie"* (Graves und Franklin, 2001, S. 246- 249). Aktuelle Metaanalysen und Übersichtsarbeiten konnten eine Überlegenheit von periodisierten gegenüber nicht periodisierten Trainingsplänen nachweisen (Fröhlich, Müller, Schmidtbleicher & Emrich, 2009, Kraemer & Fleck 2007). Die richtige Dosierung von Belastungs- und Erholungsphasen ist zur langfristigen Umsetzung möglichst optimaler Konfigurationen essentiell. Durch die systematische Periodisierung sollen bessere Erholungen zwischen den einzelnen Belastungsreizen erzielt werden. Außerdem sollen Leistungsstagnationen oder Übertrainingszustände vermieden und langfristig größere Kraftzuwächse generiert werden. Satzpausenempfehlungen im Kraftausdauertraining werden zwischen 30 und 60 Sekunden empfohlen (Güllich,.A, & Schmidtbleicher,D. (1999).

4   Lösung Aufgabe 4 – Trainingsplanung Mesozyklus

Tab. 9: Mesozyklus 1

1. Mesozyklus Kraftausdauer-training	Zyklusdauer: 8 Wochen		Kraftgerät
	Woche 1-4	Woche 5-8	
Trainingseinheiten pro Woche	2-3	2-3	1) Beinpresse horizontal
Organisationsform	GK/Station	GK/Circuit	2) Rudern
Übungen pro Muskel-gruppe	1-2	1-2	3) Brustpresse
Sätze pro Übung	1-2	1-2	4) Latzug
Satzpausen	60 Sek	60 Sek	5) Armbeugen (Bizeps Curls)
Wiederholungszahl	10-15	15-20	6) Schulter-drücken
Intensität nach Borg-Skala	13-14	15-16	7) Crunches sitzend
Bewegungstempo	Langsame Bewe-gungs-ausführung	Langsame Bewe-gungsausführung	8) Rückenstrecker sitzend

GK	= Ganzkörpertraining
Station	= Stationstraining
Circuit	= Kreis-/Zirkeltraining
Borg-Skala	= 13-14 entspricht „ etwas anstrengend", 15-16 entspricht „anstrengend"

Um den Probanden langsam an die Trainingssequenzen zu gewöhnen, ihn nicht zu über-lasten und das Training nicht langweilig werden zu lassen, sind mehrgelenkige Übungen, die zu einem signifikanten Muskelaufbau, einer Fettreduktion und zur Stärkung der all-gemeinen Fitness, insbesondere unter Berücksichtigung der Rückenmuskulatur, ganz im Sinne der gewünschten Zielparameter. Um den Rücken zu stärken, müssen alle relevanten Muskelgruppen mit trainiert werden. So werden Überlastungen vermieden.

In diversen Studien (J. H. Kinet, 2016 ; Effect of 8 weeks of free-weight and machine-based strength training on strength and power performance, N. Schott, B. Johnen, B. Hol-felder. Effects of free weights and machine training on muscular strength in high-functio-ning older adults, J.C Santana, Machines versus Free Weights) werden die Vorteile an den Maschinen aufgezählt. Zu diesen gehören die erhöhte Körperstabilität durch die verstell-baren Sitz- und Rückenstützen und die geringen Qualifikationsanforderungen, damit kön-nen Fehlstellungen und Verletzungen weitestgehend vermieden werden.

Gerade bei arterieller Hypertonie sollte sitzende Übungen bevorzugt werden, der Kopf sollte über der Herzlinie gehalten werden um Schwindel zu vermeiden (Graves & Franklin, 2001, S.246-249)

Rudern, Latzug, Beinpresse, Brustpresse, Crunch sind Übungen die viele und große Muskeln trainieren. Die Komplexität hat den Vorteil, die Übungsanzahl effektiv gering zu halten. So kann mit nur 8 Übungen ein GK-Training absolviert werden, welches auf die Bedürfnisse des Probanden abgestimmt ist.

Der Rückenstrecker wurde als letzte Übung gewählt, weil er genau auf die Problemzone des Probanden einwirkt und als letzte Übung einen Reiz setzen soll.

Tab.10: Begründung gewählter Übungen am Kraftgerät aus Tabelle 9 „Mesozyklus1"

Gewählte Übung am Kraftgerät	Beanspruchte Muskulatur	Begründung der gewählten Übung und Nutzen des Probanden
Bein-presse horizontal	M. Glutaeus maximus, M. Biceps femoris, caput longum, M.Semitendinosus, M.semimembranosus, M. Quadriceps femoris, M.tensor fasciae latae, M. Gastrocneumus	Eine Übung statt 2-3, Übung für Po, vorderen sowie hinteren Oberschenkel (ausreichendes Unterkörpertraining) Teil des GK Stabillisierung d. Rückens
Rudern	M.trapezius, pars transversa, Mm. Rhombuidei, M. latissimus dorsi, M. Deltoideus,pars spinata, M. Biceps brachii, M. Brachialis, M. Brachioradialis	„Einfache" Übung zur Rückenstärkung. Große Abdeckung Großflächiger Teil des GK
Brust-presse	M. Pectoralis major, M. Deltoideus, pars clavicularis, M. Triceps brachii, M. Anconeus	Übung für ganze Brust Großflächiger Teil des GK
Latzug	M. Latissimus dorsi, M. teres major, M. Deltoideus,pars spinata, M. Biceps brachii, M. Brachialis, M.brachioradialis	Übung zur Rückenstabilisierung Großflächiger Teil des GK
Armbeugen/ Bizeps Curls	M. Biceps brachii, M. Brachialis, M.brachioradialis	(komplementierender) Teil des GK

Gewählte Übung am Kraftgerät	Beanspruchte Muskulatur	Begründung der gewählten Übung und Nutzen des Probanden
Schulterdrücken	M. deltoideus anterior, M. deltoideus pars acromialis, M. Triceps brachii	(komplementierender) Teil des GK Übung vereint Schulter und Trizeps, womit diese nicht separat trainiert werden müssen (eine Übung wird gespart)
Crunches sitzend	M. Rectus abdominis, M. obliquus externus abdominis, M. internus abdominis	Kopf über Herzlinie Bauch sollte gestärkt werden, um den Rücken zu stabilisieren großflächiger Teil des GK
Rückenstrecker sitzend	Mm. Erector spinae	Bereich der primär gestärkt werden muss, da der Proband viel sitzt Prävention Hexenschuss/Bandscheibenvorfall etc Großflächiger Teil des GK; Kopf über Herzlinie!

5   Lösung Aufgabe 5 – Literaturrecherche

Tab. 10: Literaturrecherche zum Thema „Effekte des Krafttrainings bei Rückenbeschwerden ("low back pain" bzw „LWS_Syndrom")

Aufgaben - Fragen	Studie 1	Studie 2
Wer hat die Studie durchgeführt?	G. Müller PhD, M. Pfinder, L. Lyssenko, M. Giurgiu, M. Clement, A. Kaiserauer, M. Heinzel-Gutenbrunner, K. Bös & T. Kohlmann	W. Zinser
In welchem Jahr wurde sie publiziert?	2019	1999
Welche Forschungsfrage wurde untersucht?	Welche Bedeutung haben Trainingsumfang, muskuläre Leistungssteigerung, Alter und Geschlecht für die Wirksamkeit eines multimodalen Rückentrainings?	Ziel dieser retrospektiven Untersuchung war es, Inzidenz und Prävalenz von Rückenschmerzen bei ehemaligen Leistungssportlern verschiedener Sportarten nach Beendigung der Karriere und bestimmte Einflussfaktoren zu untersuchen.
Mit welchen Versuchspersonen wurde die Studie durchgeführt?	1395 Menschen (Durchschnittsalter 46,9 [standard deviation (SD) ± 12,3] Jahre, 65 % Frauen) mit Rückenbeschwerden	Die Studie wurde mit ehemaligen Hochleistungssportlern der Sportarten Dreisprung, Eishockey, Gewichtheben, Hochsprung, Hockey, Kanu, Rudern, Sprint, Speerwerfen, Tennis, Turnen und Weitsprung mittels mehrerer Fragebogenzyklen durchgeführt. 391 ehemalige Athleten (265 Männer, 126 Frauen) darunter 227 Medaillengewinner/-innen bei Olympischen Spielen, Welt- und Europameisterschaften im Mittel 11,4 Jahre nach Beendigung ihrer Karriere im Alter zwischen 20 und 89 Jahren wurden in die Studie eingeschlossen.

Wie sah dar Versuchsaufbau der Studie aus?	Im Rahmen einer Multicenterstudie (39 Standorte) über 24 Monate durchliefen die Probanden ein multimodales Rückentrainingsprogramm. Zu Beginn des Programms sowie nach 6, 12, 18 und 24 Monaten wurden Rückenbeschwerden und physische Leistungsfähigkeit in Kraft, Mobilität und bilateralen Kraftverhältnissen der wirbelsäulenstabilisierenden Muskulatur gemessen. Die Teilnehmer trainierten im Durchschnitt 41,0 (SD ± 17,8) Trainingseinheiten à 60 min und steigerten sich im Vergleich zu	Die Probanden wurden bis zu 5 Zyklen angeschrieben und aufgefordert, einen Fragebogen zur Erhebung verschiedener Daten auszufüllen. Jeder Proband wurde durch eine kodierte Nummer eindeutig identifiziert. Jeder kodierten Nummer sind Name, Adresse, Sportart und die erfragten Daten zugeordnet. Hauptzielkriterien waren Daten, die die Rückenleiden in Dauer, Beeinträchtigungsgrad und pesönliches Empfinden (Schmerzintensität) beschrieben. Es wurde die Lifetime-Inzidenz, Aktivzeitinzidenz, Jahresprävalenz und Monatsprävalenz von Rückenschmerzen mit Hilfe der gewonnenen Daten errechnet. Die Dokumentation der Daten erfolgte schriftlich auf den Originalfragebogen, entweder vom Probanden selbst, ergänzend beim telefonischem Interview mit dem Probanden. Analyse und Vergleich der Daten.
Welche relevanten Ergebnisse und Schlussfolgerungen lieferten die Studien?	Die Rückenbeschwerden reduzierten sich um 37,5 %. Der Rückgang der Rückenbeschwerden wurde zu 70 % durch den Trainingsumfang und zu 30 % durch die physischen Leistungssteigerungen erklärt. Das Geschlecht hatte keine und das Alter nur eine marginale Auswirkung auf den Trainingseffekt. **Schlussfolgerung** Physische Leistungssteigerungen wirken sich positiv auf die Reduzierung der Rückenbeschwerden aus. Die Anzahl der Trainingseinheiten ist für den Rückgang der Rückenbeschwerden jedoch von deutlich höherer Relevanz.	Die Lifetime-Inzidenz von Rückenbeschwerden betrug 75,7% für das Gesamtkollektiv. Mehr als die Hälfte der Befragten hatten ihre erste Rückenschmerzepisode vor dem 25. Lebensjahr. Hohe Lifetime-Inzidenzen mit über 80% fanden sich im Dreisprung, Weitsprung, Hochsprung und Turnen. Am häufigsten traten erste Rückenbeschwerden in der aktiven Zeit der Leistungssportler/-innen auf (Aktivzeitinzidenz). Die Aktivzeitinzidenz war 52,2% für das Gesamtkollektiv und in den Sportarten Turnen (70,3%), Hochsprung (68,2%) und Dreisprung (66,7%) am höchsten. Zum Befragungszeitpunkt betrug die Monatsprävalenz 15,9% und die Jahresprävalenz 63,7% im Gesamtkollektiv. Hohe Jahresprävalenzen fanden sich im Dreisprung, Weitsprung, Hochsprung und Turnen, hohe Monatsprävalenzen im Dreisprung, Hochsprung und Kanu. Die häufigste Lokalisation der Rückenbeschwerden war in über 80% die Lendenwirbelsäulenregion. Halswirbelsäule (19,9%) und Brustwirbelsäule (21,6%) waren seltener genannt. In der überwiegenden Zahl handelte es sich um leichte und mittlere Beschwerden. Es fanden sich teilweise große sportartspezifische Unterschiede. Rückenoperationen (Nukleotomien) wurden bei 2% der Probanden durchgeführt (2,7% der Rückenschmerzbetroffenen). Bei den untersuchten Einflußfaktoren Geschlecht, Body-Mass-Index, Leistungsklasse, wöchentliche Trainingsstunden und jährliche Wettkampfanzahl fand sich kein statistisch signifikanter Zusammenhang mit Rückenschmerzen im Gesamtkollektiv. Hingegen fanden sich statistisch signifikante Korrelationen mit untersuchten Inzidenzen oder Prävalenzen von Rückenschmerzen bei den Ein-

flußfaktoren Alter, Dauer der Leistungssportkarri-
ere, Anteil des Ausdauertrainings, additives Rumpf-
muskeltraining und weiteren Beschwerden am Be-
wegungsapparat.

Schlussfolgerung:
Obwohl in dieser umfangreichen Studie an ehema-
ligen Spitzensportlern auf keine direkten Daten einer Kontrollgruppe zurückgegriffen werden konnte,
wiesen die als unterschiedlich rückenbelastend an-
gesehenen untersuchten olympischen Sportarten
nach Beendigung der aktiven Karriere keine signifi-
kante Erhöhung der LifetimeInzidenz, Monats- und
Jahresprävalenz gegenüber vergleichbaren veröf-
fentlichten Daten aus der Normalbevölkerung west-
licher Industrienationen auf. Vielmehr fanden sich
bei einigen Sportarten deutlich geringere Rücken-
schmerzinzidenzen und - prävalenzen als in der
Normalbevölkerung. Ehemalige Leistungssportler
aus den Sprungsportarten und aus der Sportart Tur-
nen scheinen im Laufe ihres Lebens und nach Beendigung ihrer Karriere deutlich häufiger mit Rückenschmerzen rechnen zu müssen als ehemalige Ten-
nisspieler, Gewichtheber oder Eishockeyspieler. Ein
hoher Ausdaueranteil im Training scheint ein pro-
tektiver Faktor für das Auftreten von Rückenschmerzen in der Aktivzeit zu sein. Eine lange Leis-
tungssportausübung von mehr als 20 Jahren war mit
signifikant niedrigeren Lifetime-Inzidenzen und
Jahresprävalenzen korreliert. Jahrelange extreme
Belastungen des Hochleistungssports verschiedener
rückenbelastender Sportarten scheinen für das Auftreten von Rückenschmerzen im weiteren Leben
nach Beendigung des Leistungssports von geringer
Bedeutung zu sein.

6   Literaturverzeichnis

Stiftung Gesundheitswissen, BMI Bestimmung S. 3

> https://www.stiftung-gesundheitswissen.de/gesundes-leben/ernaehrung-leben
>
> weise/kennen-sie-ihren-bmi

Quelle Fettgehaltsrechnung:

> https://www.fettrechner.de/kalorienrechner/koerperfett/koerperfett.
>
> Phpcalc=1&gewicht=92&groesse=176&alter=63&sex=m&hals=45&taille=
>
> 108&huefte=100

Wirth, K., Aatzor, K. R. & Schmidtbleicher, D. (2007).   Veränderungen der Muskel masse in Abhängigkeit von Trainingshäufigkeit und Leistungsniveau. *Deutsche Zeitschrift für Sportmedizin*, 58 (6), 178-183

Gottlob, A. (2003). Leicht-Mittel-Schwer? *Fitness Tribune*, 82 (2), 72-73

Fröhlich, M., Müller, T., Schmidtbleicher, D. & Emrich, E. (2009). Outcome-Effekte verschiedener Periodisierungsmodelle im Krafttraining. *Deutsche Zeitschrift für Sport-medizin*, 60 (10), 307-314

Güllich, A. & Schmidtbleicher, D. (1999). Struktur der Kraftfähigkeiten und ihrer Trai ningsmethoden. *Deutsche Zeitschrift für Sportmedizin*, 50 (7/8) S. 223-234

Graves, J. E. & Franklin, B.A. (2001). *Resistance training for health and rehabilitation.* Champaign, III: Human Kinetics.

J. H. Kinet, 2016 ; Effect of 8 weeks of free-weight and machine-based strength training on strength and power performance,

> **https://www.ncbi.nlm.nih.gov/pmc/articles/PMC5260589/**

N. Schott, B. Johnen, B. Holfelder. Effects of free weights and machine training on muscular strength in high-functioning older adults

> **https://www.ncbi.nlm.nih.gov/pubmed/30980922**

J.C Santana, Machines versus Free Weights

https://journals.lww.com/nsca-scj/Citation/2001/10000/Machines_versus_Free_Weights.18.aspx

Studie 1 Quelle :

https://link.springer.com/article/10.1007/s00482-018-0353-z

Müller G, Pfinder M, Lyssenko L, Giurgiu M, Kaiserauer A, Heinzel-Gutenbrunner M, Bös K, Kohlmann T. Welche Bedeutung haben physische Leistungssteigerungen, Alter, Geschlecht und Trainingsumfang für die Wirksamkeit eines Rückentrainings? Schmerz (2019): 1–8. doi:10.1007/s00482-018-0353-z

Studie 2 Quelle:

https://www.st-vinzenz-hospital.de/fileadmin/user_upload/f111/Dokumente/Doktorarbeit_Zinser.pdf

7 Abbildungs- und Tabellenverzeichnis

7.1 Abbildungsverzeichnis

7.2 Tabellenverzeichnis